(39)

LE TRIOMPHE
DE
LA FRANCE

Pour L'entree Royale de
leurs Majestez
Dediee
A Messieurs les Preuost et Echeuins
de la Ville de Paris.

A PARIS
Chez I. Baptiste Loyson Rue S. Iacque a la Croix Royale.

LE TRIOMPHE DE LA FRANCE,

POVR L'ENTREE ROYALE DE LEVRS MAIESTEZ DANS LEVR BONNE VILLE DE PARIS,

Sur les Magnificences & preparatifs du Pont Noſtre-Dame.

Avec les Diſcours Heroïques ſur les Vies des Roys de France, depuis Pharamond iuſqu'à noſtre Grand Monarque LOVIS XIV.

Enſemble les Eloges de la Reyne, de la Reyne Mere, & de ſon Eminence.

Dedié à Meſsieurs les Preuoſt des Marchands & Eſcheuins de la Ville.

A PARIS,

Chez IEAN BAPTISTE LOYSON, ruë S. Iacques, prés la Poſte, à la Croix Royalle.

M. DC. LX.

AVEC PRIVILEGE DV ROY.

A MESSIEVRS
LES PREVOST
DES MARCHANDS,
ET ESCHEVINS
DE LA VILLE DE PARIS.

ESSIEVRS,

Ie n'ay pû vous donner vne preuue plus illuſtre de la ſecrette affection que j'ay conceuë il y a long-temps pour mon Prince, qu'en vous faiſant ce Pre-ſent qui ne vous doit point eſtre deſagreable, puiſque ce n'eſt qu'vn genereux effet d'vn Zele que l'on ne peut condamner ſans crime. Je me doute bien que dans le meſme inſtant que ie me veux rendre conſiderable par ma iuſte ardeur, on croira que ie

B

me veux égaler à ces Atletes dont parle l'Histoire
Grecque, qui pour faire paroistre la dexterité de
leurs personnes & la grandeur de leurs courages,
couroient en la Lice, & il n'y auoit que le dernier
qui remportoit le prix & la gloire de la course, quoy
que tous s'exerçassent dans l'Arene à vne mesme
fin: Mais si l'on considere ce petit Ouurage, l'on
verra que ie ne desire point entrer en paralelle auec
ces grands Orateurs & ces glorieux Ornemens de
l'Histoire Ancienne; & que si ie cours aprés eux en
mesme Lice, ce n'est point pour les deuancer, mais en
les imitant passer legerement sur leur course, afin
d'auoir quelque part à la gloire du prix destiné aux
Atletes au bout de la carriere; je veux dire de faire
agréer la course de ce petit trauail à ceux qui en sont
veritablement les Autheurs & les Juges comme
Vous, Messievrs, qui aux Dignités où vous
estes éleuez, non tant par les suffrages des Bourgeois
de Paris, que par la grandeur de vos merites, estes
les Iuges legitimes de cét Ouurage, vous suppliant
que le prix s'augmente par l'adueu de vostre Nom,
s'il vous plaist permettre qu'il se voye au fron-
tispice de ce Liure, que ie vous presente auec des
soumissions aussi respectueuses que ie suis veritablement,

MESSIEVRS,

Vostre tres-humble, & tres-obeïssant
Seruiteur I. B. LOYSON.

LE TRIOMPHE
DE LA FRANCE,

Pour l'Entrée Royale de leurs Majeſtez dans leur bonne Ville de Paris ; ſur les Magnifi-cences & preparatifs du Pont N. Dame.

Auec les Diſcours Heroïques ſur les Vies des Roys de France, depuis Pharamond iuſqu'à noſtre Grand Monarque Lovis XIV.

Enſemble les Eloges de la Reyne, de la Reyne Mere, & de ſon Eminence.

Dedié à Meſſieurs les Preuoſt des Marchands & Eſcheuins de la Ville.

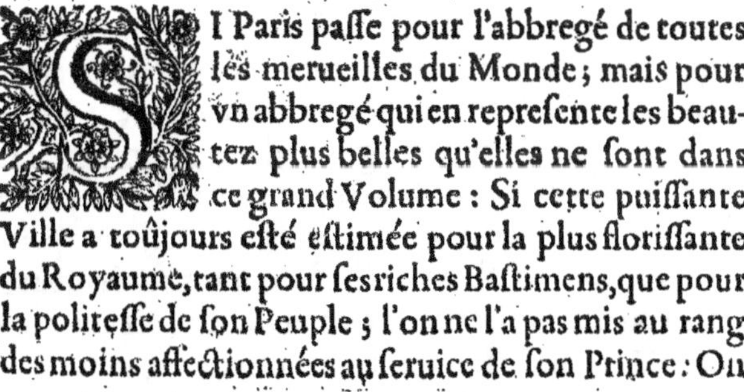

I Paris paſſe pour l'abbregé de toutes les merueilles du Monde ; mais pour vn abbregé qui en repreſente les beau-tez plus belles qu'elles ne ſont dans ce grand Volume : Si cette puiſſante Ville a toûjours eſté eſtimée pour la plus floriſſante du Royaume, tant pour ſes riches Baſtimens, que pour la politeſſe de ſon Peuple ; l'on ne l'a pas mis au rang des moins affectionnées au ſeruice de ſon Prince : On

ſçait qu'elle s'eſt toûjours eſtimée glorieuſe de ſeruir
de Trône au plus grand Roy de la Terre; qu'elle en-
fante tous les iours des Citoyens pour ſon ſeruice, &
qu'attendant l'heureux retour de ſon illuſtre Monarque, & de ſon incomparable Reyne, elle épuiſe tous
ſes Treſors pour luy faire hommage, luy rendre ſes
ſoûmiſſions, & luy témoigner ſes reſpects.

Ce ne ſeroit pas aſſez à cette puiſſante Ville d'auoir
eſleué à ſon Heros des Statuës, des Pyramides, des
Baſes, des Mauſolées, il faut encore que par vne admirable metamorphoſe d'vn Pont dedié à la memoire du Grand Henry IV. elle faſſe vn Temple de tous
nos Roys conſacré aux Triomphes de ſon Auguſte
Prince : Les grands Conquerans, dont les Noms pa-
roiſſent auec éclat, & qui en compoſent le principal
ornement, y ſont placez chacun dans leur rang; afin
que l'on voye quel progrez ils ont fait au chemin de
la Gloire; comment les Peres ont excité leurs Fils à la
Valeur & à la Generoſité par leur exemple, & comment les Fils ont dignement imité leurs Peres; Elle
ſouhaitte que parmy toutes ſes beautez vous admiriez
vne foule d'Heros qui nous ont deffendus, d'illuſtres
qui nous ont annoblis, & de Saints qui nous inuitent,
pour vous faire connoiſtre que ſi toutes les autres
Villes ont fait leurs efforts pour receuoir leur Prince
& leur Princeſſe auec magnificences, pompes, lar-
geſſes, liberalitez & ſuperbes preparatifs, ils n'ont
fait qu'vn crayon dont elle nous donnera vne peinture acheuée; ce ſera vn Chef-d'œuure qui demeure-
ra à toute la poſterité, pour luy faire voir combien
cette Ville affectionnée s'eſt intereſſée à rendre ſes

deuoirs

detuoirs à ce grand Conquerant : L'or n'y est point épargné, on le voit briller de toutes parts ; les Deuises pleines de pointes d'esprit y sont en grand nombre, on n'y voit rien que de surprenant, rien que de magnifique, rien que de pompeux , d'admirable & de brillant ; d'vn costé vous voyez la loüange d'vn Roy, de l'autre son panegyre : Vn peu plus haut vous voyez la Paix representée par les Corbeilles de fruict, vn peu plus bas la Concorde par les mains entrelassées ; ce ne sont que palmes, que lauriers, que champs de triomphes, que trophées sur trophées, & qu'vn amas illustre de tout ce qui s'est fait de plus beau dans le monde : Mais afin que vous participiez mieux à ces communes allegresses, & que la porte de ce Temple vous estant ouuerte vous y alliez consacrer vos seruices, taschant de faire toute vostre estude des vertus de ces grands Hommes ; je les feray paroistre selon leur ordre, & vous diray vn petit mot sur ces illustres Portraits, pour vous rafraischir la memoire de leurs heroïques actions : car si vous jettez les yeux sur ces Royales Peintures, vous verrez des traits de visages si agreables & des portraits si riches, que vous iugerez bien que ce n'est pas assez de les regarder, que vostre veüe n'en descouure que les couleurs, & qu'il vous faut employer toute la force de vostre esprit pour en penetrer les secrets.

Considerez ce grand Pharamond, qui fut estimé & passe encore en l'opinion commune pour premier Roy des François, non pour auoir entré dans les Gaules ; mais pour auoir le premier attaqué les Gaulois, & auoir eu par vne succession Auguste & legiti-

me des Roys fucceffeurs fortis de fon illuftre Sang
& de fa Maifon Royale iufques à la fin de la premiere
Race de nos Monarques; & quoy qu'il n'ait iamais
veu cet admirable chef-d'œuure de la France, c'eft
affez pour foûtenir cet Augufte titre d'auoir projetté
fa conquefte, pour faire connoiftre à la pofterité
qu'vne fi grande penfée vaut vn Empire. Admirez
Clodion le fecond de nos Rois, Prince dans lequel il
y auoit à faire plus d'vn Cefar, & dont les hautes con-
ceptions nous ont laiffé vne veneration eternelle
pour fes merites; vous verrez qu'il eftoit aduantagé
d'vne douceur fi grande, qu'il fe rendit aimable mef-
me à fes ennemis; qu'il eftoit affable dans la paix, genereux parmy les armes, & par tout équitable & digne de commander; qu'il ne fit iamais eftat de donner de la crainte par des exemples de cruauté, mais
pluftoft de fe faire aimer de fes fujets par la bonté de
fes mœurs & la douceur de fa bien-veillance, les por-
tant au deuoir de l'obeïffance par la douceur de fa
conuerfation. Efleuez voftre imagination iufques
aux grands faits de Meroüée, & vous iugerez que ce
n'eft pas fans raifon qu'il tient le troifiéme rang entre
nos Monarques, puis qu'il donne fon Nom à tous
ceux de la premiere Race, & qu'il leur a tracé le plan
de ce grand Royaume que vous voyez encore aujour-
d'huy. Quelques Hiftoriens luy ont marqué Clodion pour Pere, d'autres pour Oncle: mais quoy qu'il
en foit, s'il eftoit Fils la Nature luy donna l'Empire,
s'il eftoit Neveu la Loy le fit Monarque; il eut le merite de fes predeceffeurs fans auoir leurs trauerfes, &
il herita de l'affection de leurs fujets, fans recueillir
leurs infortunes.

Contemplez Chilperic premier du nom, & quatriéme de nos Rois, qui paroiſt auec cette Majeſté qui fit
autrefois trembler les Romains, lors que le Senat
regardant ce ieune Prince comme vn ſpectacle
redoutable à ſon Empire, il iugea que le Ciel n'auoit
pas aſſez donné de Boucliers d'or au Capitole pour le
deffendre de ſon fer : La vertu heroïque ſe fait tous-
jours craindre ou aimer ; aux bons elle donne de l'a-
mour, aux meſchans elle iette de la terreur : c'eſt ce
que fit ce grand Homme, montrant au Senat qu'il
n'eſtoit plus que l'ombre de ſes venerables Teſtes qui
auoient fondé la Republique de l'Vniuers, & aux
Empereurs, dont la valeur deuoit ſoûtenir ſa cheute,
qu'ils manquoient d'eſprit & de courage pour pouuoir arreſter ſes conqueſtes. Faites reflexion ſur les
actions heroïques du grand Clouis premier du nom,
& vous y trouuerez des vertus qui n'ont rien de com-
mun que le nom. Ce grand Conquerant n'eut pas
entré dignement dans le monde ſi ſa naiſſance n'eut
eſté marquée de quelque prodige : Les grandes choſes ont du rapport auec la ſource du Nil, la courſe de
ce Fleuue ne ſeroit pas merueilleuſe ſi ſon principe
eſtoit connu de tout le monde : Alexandre ne paroi-
ſtroit pas au deſſus des hommes s'il auoit vne naiſſance commune auec les hommes ; Il faloit donc que
Clouis eut quelque preſage de Grandeur pour auoir
de la Majeſté au deſſus des autres Monarques ; ſes conqueſtes ſont ſi grandes qu'il ſuffit de dire que l'Empire François doit ſa fondation à Pharamond, ſon affer-
miſſement à Meroüée, & ſa grandeur à Clouis.

Si les ſpectacles publics vous plaiſent, ceux-cy vous

doiuent charmer : si les autres vous attirent, ceux cy vous peuuent rauir ; & si vous trouuez dans les autres quelque satisfaction, je m'asseure que vous receurez en ceux cy des contentemens tout à fait extraordinaires. Passez vn peu plus auant dans le Temple, & vous verrez en face dix-sept de nos Rois tous couronnez de palmes & de lauriers, Childebert I. Clotaire I. Cherebert, Chilperic I. Clotaire II. Dagobert I. Clouis II. Clotaire III. Childeric II. Thierry I. Clouis III. Childebert II. Dagobert II. Chilperic II. Thierry II. Childeric III. & Pepin le Bref: Ce n'est pas assez de les voir, parce que la veuë s'attachant quelquefois sur des coloris peut estre trompée par vn trait de pinceau, & peut estre surprise par vn ombrage ; elle s'arreste souuent à la seule apparence exterieure des Portraits, quoy qu'on ne les mette deuant nos yeux que pour penetrer plus auant dans leurs meilleures parties ; c'est à dire dans la consideration de la generosité de leur cœur, de l'ancienne source de leur sang, & des rares vertus de leurs Ames ; il les faut considerer non pas comme des peintures muettes, mais comme des images viuantes ; & si vous vous remettez en memoire tout ce qu'ils ont fait d'illustre, vous trouuerez dequoy exercer vostre admiration.

Que vous semble-t'il du Portrait du Grand Charlemagne ; n'est ce pas l'Achille, n'est-ce pas le Mars des François, n'est ce pas l'Auguste Fondateur de l'Empire d'Occident & le vingt sixième de nos Rois ? Aduoüez auec moy que ce Prince estoit aduantagé de toutes les éminentes qualitez qui rendirent autrefois Auguste, Trajan, Constantin, Theodose, & ces

autres

autres fameux Heros de l'antiquité si recommanda-
bles, puis qu'il n'estoit pas moins sçauant en l'Art
Militaire, qu'il estoit versé en la connoissance de toutes les maximes de la Politique, & que sans exagerer
les incomparables actions de ce grand Homme, ie
puis dire qu'il a tant de fois triomphé, qu'il sembloit
n'estre dans le monde que pour y cueillir des palmes
& y moissonner des lauriers.

Qui ne regarde que l'exterieur d'vne chose, s'arreste à la moindre partie ; qui se satisfait de l'apparence,
se contente de peu, & qui iuge des tableaux par ce
qu'il en voit, il porte iugement de la peinture ou du
Peintre, mais non pas de l'objet qui luy est presenté,
s'il ne passe plus auant dans sa connoissance. Icy par
exemple l'on vous a mis Louis le Debonnaire, Charles le Chauue, Louis Second, Charles le Simple, Louis
d'Outremer, Louis V. Hugues Capet, Henry I. Philippes I. Louis le Gros, sixiéme du nom, & Louis le
Ieune, septiéme du nom ; ne croyez pas que ce soit
pour vous y arrester legerement : bien au contraire
c'est pour vous causer de l'estonnement & vous donner de l'admiration, lors que vous apprendrez que
tous ces Grands Hommes ont fait trembler toute
l'Europe sous le poids de leurs Armes, & que vous
sçaurez qu'ils ont monté iusques au plus haut comble
de la gloire qui s'acquiert par les combats, & que par
leur inuincible courage & leur admirable valeur, ils
ont rendu la Fortune tributaire de leur Vertu.

Ce n'est pas assez d'auoir consideré cette premiere
partie du Temple, il faut ietter les yeux sur la seconde,
vous verrez la Gloire si brillante, & qui vous paroistra
en vn si haut point, qu'elle vous donnera occasion de

douter si elle a pû estre capable d'accroissement par la suitte des années : Philippe Auguste, second du nom, y tient son rang ; c'est cet illustre Heros qui n'est pas seulement venu au monde pour s'y faire admirer, mais bien pour instruire, puisque sa Vie est vne des leçons publiques du Genre humain, & que ses actions ordinaires ont marqué les Augustes characteres qui la transmettent à la posterité. On luy donna le titre d'Auguste pour les ressemblances des heroïques actions qu'il acheua heureusement auec celles qui rendirent cet Empereur de toute la Terre beaucoup plus considerable que son Empire ; Et si l'on adjoûte à ses autres titres celuy d'Inuincible, il semble qu'il ne l'auroit que trop raisonnablement merité, ayant remporté des victoires signalées sur des Ennemis qui ne sembloient pas tant s'exposer au hazard d'vn combat que marcher à vne victoire infaillible & asseurée : Enfin ce fut vn present du Ciel qui ne produit que des ouurages tres-parfaits ; & il est aisé de conclure que ce Prince fut des plus accomplis. Vous y voyez pareillement Louis VIII. qui par son courage & sa valeur extraordinaire estonna tellement tous les peuples, qu'ils luy donnerent le Nom de Lion, d'autant que toutes ses actions parurent comme des prodiges.

Au milieu de toutes ses Royales Figures paroist celle du grand S. Louis, Neusiéme du nom : Si vous doutiez de la grandeur de ce Monarque, vous ignoreriez qu'il est Roy : Si vous doutiez de son merite, vous ne sçauriez pas qu'il est Saint ; sa vertu est en lustre puis qu'elle est appuyée de sa Grandeur, & sa Grandeur est en seureté, puisqu'elle a sa vertu pour compagne. L'or donne de l'éclat au diamant ; la Vertu voit des

aduantages de la Nobleſſe; vne perle eſt roturiere ſi
elle ne s'allie au Roy des Metaux , ſans luy c'eſt vne
des riches productions de la Nature, & ſans luy ce
n'eſt que la matiere premiere de la bonne grace : Les
pierreries ſont quelquefois precieuſes ; neantmoins
elles ne ſont iamais belles hors la bague qui leur donne le cercle de leur perfection : Ainſi dans ce Saint
Monarque il n'y a pas vne vertu qui ne luy doiue ſon
eſtime ; elles ſont toutes illuſtres , puiſqu'il les a con-
ſacrées en ſa ſainte Perſonne , & elles ſont éclattantes
puiſqu'il les a fait triompher par ſes heroïques actions:
Et ce Saint Roy ſemble n'auoir eſté donné au monde
que pour ſeruir d'exemplaire non ſeulement à tous
ſes Succeſſeurs & Deſcendans, mais encore à tous les
Rois de la Terre habitable , puiſqu'il ne leur a laiſſé
des leçons de toutes les vertus qu'apres les auoir luy-
meſme tres - Chreſtiennement pratiquées.

Auprés de luy vous pouuez voir Philippes le Hardy,
troiſiéme du nom , qui par ſes conqueſtes rendit les
plus redoutables Princes de l'Europe ſi jaloux & en-
uieux de ſa reputation, que la pluſpart rendirent hommage à ſa Vertu, ſuiuirent ſon party & ſes ſentimens,
& tremblerent ſous le pouuoir abſolu qu'il s'eſtoit
acquis par ſa prudence & par ſa valeur ; auſſi ie peux
dire qu'il poſſeda en perfection toutes les qualitez
neceſſaires pour l'acheuement d'vn grand Heros.

Vous pouuez auſſi vous arreſter aupres de Philippe
le Bel , Quatriéme du nom , puiſque c'eſt cet Auguſte Monarque qui pour ſon premier chef - d'œuure
arreſta la Iuſtice en Terre , luy cedant ſon Palais pour
la faire regner auec plus de luſtre & plus d'authorité ;
c'eſt luy qui affermit les Loix pour donner le repos

aux Peuples & la tranquillité aux Eſtats : Il ſçauoit
que la Iuſtice eſt au monde Ciuil ce qu'eſt l'Air au
monde Elementaire, le Soleil au Celeſte, & l'Ame en
l'Intelligible. Puiſque c'eſt l'Air que tous les affligez
demandent à reſpirer, c'eſt le Soleil qui diſſipe leurs
nuages, & l'Ame qui donne la vie à toutes choſes ;
il n'y a que les Scythes qui mépriſent les belles lettres,
vn Souuerain s'il cherit ſa gloire doit cherir les Sça-
uans : Les Forts le font vaincre à la verité, mais les
Doctes le font triompher ; par ceux là il ſe rend terri-
ble à quelques momens de ſon ſiecle, & par ceux-cy
il ſe rend aimable par la ſuitte de tous les âges, comme a fait cet incomparable Monarque.

La France a eu de temps en temps pluſieurs Hommes extraordinaires en grandeur de courage, & ie
puis dire que le Nauire d'Argos ne porta iamais tant
d'Heros que chaque ſiecle en a produit dans ce belli-
queux Royaume : Mais entre tous ceux qui ont paru
ſur cet illuſtre Theatre, ie n'en voy point qui ayent
porté leur gloire ſi auant, & qui ayent graué dans le
Temple de la Memoire de plus belles actions que
Louis Hutin, Dixiéme du nom, Philippes le Long,
Cinquiéme du nom, Charles le Bel, quatriéme du
nom, Philippe de Valois, & Iean Premier : On ne
ſçauroit dépeindre tout ce qu'il y a d'excellent dans
ces grands Hommes, ſans dire en meſme temps toutes
les qualitez neceſſaires à de grands Monarques ; & le
nombre de leurs combats & de leurs batailles ſe pre-
ſentent tellement en foule deuant ma memoire, &
font vne ſi charmante confuſion, que ie vous ad-
uoüeray ingenuement qu'il n'y a point de cœur genereux qui ne ſoit rauy d'en voir la ſuitte admirable, &
qui ne

qui ne deuienne vaillant à les ouïr raconter. Charles le Sage, cinquiéme du nom, que ie pourrois dignement appeller le Salomon de nos Rois, fuit ces illuftres Princes : Il auoit dés fa plus tendre ieuneffe fi prudemment gouuerné l'efprit & le cœur des François, qu'on peut dire qu'il n'eftoit venu au monde que pour eftre Monarque ; il ne luy manquoit aucune de fes grandes qualitez qui font la difference des Rois & du peuple ; il eftoit aduantagé d'vne douceur de laquelle on ne fe pouuoit deffendre, & d'vne majefté qu'il eftoit impoffible de méprifer : Iamais l'Infortune ne le vit foûmis à fon Empire, & iamais l'Orgueil n'en triompha ; il eftoit courageux dans le peril, & dans la feureté vigilant ; & fi Dieu luy fufcita des ennemis pendant fon Regne, c'eftoit pour lui donner occafion d'exercer fes grandes vertus.

Ayant rendu vos refpects à ce grand Homme, & ayant préfenté des vœux à Charles le Bien aymé, qui daigna bien autrefois houorer les peuples de fon amitié, vous pouuez confiderer Charles le Victorieux VII. C'eft ce Prince que vous verrez courageux dans les batailles, comme vn Aigle qui perce la partie de l'Air où regne le plus fort de l'orage ; comme vn Dauphin qui bondit à plein faut dans les ondes ; & comme vn grand Rocher qui demeure ferme contre les nuës, & fe mocque de la baue des flots. Apres vous pouuez admirer Louis XI. Charles VII. & Louis XII. dont les vertus ont fait parler tout l'Vniuers, & ont fourny de matieres à tant d'exceltes plumes qui ont effayé de nous laiffer vn tableau des merites de fes grands Conquerans. Enfuitte vous verrez François I. dont les heroïques actions ne peuuent receuoir affez d'Eloges : Ce fut vn Prince liberal & magnifique, grand amateur des Lettres, & de ceux qui en fai-

E

foient profeſſion; auſſi voyons nous que ſes ſoins ſe par-
tagerent quelquefois, & ſe retirerent des affaires pour
paſſer vn peu de temps aux neceſſitez des inſtructions
publiques, ayant mis luy meſme des Profeſſeurs en Lettres Hebraïques, Grecques & Latines, à qui ce bon Prince aſſigna des penſions viageres fort raiſonnables: Mais
quoy, ne merite t'il pas d'eternelles loüanges, puis qu'vn
Prince qui laiſſe à ſes peuples vn Fils digne de leur commander les recompenſe de leur fidelité, & les oblige à
cherir ſa memoire? Et il eſtoit neceſſaire que cet illuſtre
Fils Henry II. que vous voyez aupres de ce grand Monarque eut les meſmes qualitez, ayant les meſmes ennemis à combattre, la meſme enuie à ſoûtenir, & le meſme Sceptre à deffendre. François II. Charles IX. & Henry III ſont aupres de ce grand Homme; ie ne m'arreſte-
ray point à vous faire vn narré de toutes leurs belles a-
ctions, elles vous ſont trop connuës.

Ie paſſeray outre pour vous faire voir l'abregé de la vie
de tous nos Rois: c'eſt le Grand Henry IV. luy ſeul fait
l'Epitome de la gloire des Monarques; & à moins que
de toucher tout ce que ſes Anceſtres ont entrepris &
acheué d'illuſtre, on ne ſçauroit comprendre ſon merite:
Les actions eminentes de ces grands Heros n'ont eſté
que les preſages de ſa vie, & leurs plus éclattans triomphes que de legeres monſtres de ce qu'il a deſcouuert à
tout l'Vniuers; Sa vie a eſté vn cours perpetuel de glorieux triomphes, ayant conquis le Royaume des Heros
de Lys autant par la vertu de ſon bras inuincible, que par
les droits d'vne legitime ſucceſſion; ſa generoſité, ſa cle-
mence, & vn nombre infini d'actions heroïques de Iuſtice, de Paix, de prudence, de ſageſſe, ont ſerui d'aliment
pour vnir les cœurs de ſes Sujets, & de ſacrez inſtrumens

pour reſtablir cette Monarchie en ſa premiere ſplen-
deur : Et cet admirable Prince auoit fait éclatter la reputation de ſon courage & de ſa vaillance auec tant de
luſtre & l'auoit inſinuée auec tant de credit dans l'eſprit
de ſes ennemis , & ſceut ſi bien gagner les cœurs des autres Princes ſes Alliez , que ceux là n'oſerent plus regarder les frontieres qu'auec grande terreur , & ceux-cy
celebrerent inceſſamment ſes loüanges.

Les bons fruits ont leur ſaiſon ; qui taſcheroit de les
aduancer auroit trouué le moyen de les corrompre : On
peut dire la meſme choſe des grands Hommes, le Ciel les
fait paroiſtre en leur ſaiſon , c'eſt à dire en leur temps,
afin que nous ayons tout le loiſir de conſiderer leurs merites & d'admirer leurs vertus ; c'eſt ce qu'il a fait dans
l'incomparable Louis le Iuſte , il vous a fait voir aupa-
rauant ce grand Homme vne Royale ſuitte d'Heros in-
uincibles , afin qu'ayant fait reflexion ſur la vie de ſes illuſtres Monarques, nous connoiſſions qu'il a non ſeulement herité de leurs Couronnes, mais de leurs vertus ;
il y auoit beaucoup de ſiecles qu'il n'eſtoit rien venu de
ſi precieux & de ſi beau ſur la terre , & il eſt aiſé à iuger
que le Ciel s'eſtoit intereſſé en la naiſſance de ce grand
Prince , puiſqu'il le fit naiſtre ſous le fauorable Signe
des Balances , qui ſont le hyerogliphe & le ſymbole de
cette vertu qui luy acquiſt le Nom de Iuſte , auſſi rare
& glorieux qu'aucun dont on ait iamais honoré la Majeſté des Monarques. Les Rois ſont Iuges , & comme
naturellement la Couronne appartient aux noſtres , la
Balance eſt naturellement à eux : Mais pourquoy a-t'elle
parû pluſtôt à la naiſſance de ce grand Roy, qu'à celle des
autres Monarques ? n'eſtoit-ce point parce qu'il eſtoit
venu pour eſtre l'Arbitre , & qu'il deuoit examiner les

droits non feulement de fon peuple, mais encore de toutes les Nations; fon jugement eftoit affez bon pour dif-
cerner l'équité de celle qui luy reffemble; fon bras eftoit
affez fort pour fouftenir ce redoutable Trebuchet où
l'on pefe la vie & la mort: Le Ciel nous auoit affeure-
ment donné ce prefage, pour nous aduertir qu'il deuoit
eftre Iufte par excellence, & l'experience nous en a fait
connoiftre la verité, puifqu'il a remporté les glorieux
titres de Reftaurateur de la paix Publique, de Confer-
uateur du Royaume, de Fondateur de la Pieté, & d'Arbitre de l'Vniuers.

    Mais il me femble déja que vous me demandez d'vne
voix animée & toute pleine d'ardeur où eft le Grand
Louis Augufte, où eft le Petit-fils d'Henry le Grand, &
le Grand Fils de Louis le Iufte: Il faut que ie vous auoüe
que ma plume traifne l'aifle trop bas dans vn fi haut fu-
jet, & que mon genie vous paroiftra temeraire de vou-
loir comprendre dans vn fi petit efpace les admirables
actions de noftre Incomparable Heros, qui a remply
toute la Terre du bruit éclattant de fa gloire, & qui a
effacé par les merueilles qu'il a fait à la veuë de tous nos
François, tout ce que les demy-Dieux de l'ancienne
Rome ont iamais fait de plus releué, de plus martial,
de plus éclattant & de plus illuftre; Neantmoins comme il eft au bout de toutes fes Royales Figures comme
le Paranymphe, l'acheuement, & le racourcy de toutes
les glorieufes actions de fes Anceftres, cela me donne
du courage à entreprendre vne chofe fi hardie; & de
plus la matiere qui fe prefente eft fi belle & fi precieu-
fe, qu'elle n'a pas befoin de l'Ouurier ny du fecours de
fon Art, & pour peu que ie parle des incomparables &
inimitables actions de noftre Grand Monarque, j'en
diray

diray beaucoup, sçachant bien que quand j'y employe-
rois de grands Volumes entiers, ie n'en dirois encore
que fort peu de choses. Ie fais ce que faisoit Timante,
ce fameux Peintre de l'Antiquité, ie fais plus que ie ne
fais : Que si le crayon que ie prends la hardiesse de vous
tracer ne represente que tres-imparfaitement vn si di-
uin Original, ceux qui le verront en formeront vne si
belle idée, que l'esclat en rejallira sur ce petit Discours.
On luy donne le Nom de Louis, parce qu'il a la pieté
du plus Saint de nos Roys, & on y adjoûte celuy d'Auguste, parce qu'il possede la majesté de tous les Monarques : Que si ce venerable tiltre exprime l'excellence &
la grandeur qui le peut mieux porter, & plus iustement
que nostre Prince, dont la naissance, la vie & les ex-
ploits meritent vne veneration eternelle, il ne faut pas
s'estonner si nous l'auons long-temps attendu, & si le
Ciel ne nous l'a donné qu'apres vingt années de prieres,
c'est qu'il falloit du loisir pour preparer vn si Grand
Homme : Nous auons appris par ce retardement qu'e-
stant né par miracles, il n'entretoit dans le Trône que
pour y faire regner la Vertu, & qu'il ne venoit dans le
monde que pour faire éclatter par tout l'Vniuers la
gloire brillante de ses Conquestes ; que pour y faire
triompher la Paix, surpasser la reputation de ses Ance-
stres, & laisser vn desespoir à ses Successeurs d'égaler
son merite. Les Portraits d'Henry le Grand & Louis le
Iuste, que vous voyez à ses costez, n'y sont pas sans sujet, mais ils y sont auec dessein de vous faire connoistre
par vn clin d'œil qu'il possede toute la vertu de l'vn &
de l'autre ; que de l'vn il prend la generosité, de l'autre
la Pieté armée ; qu'il est heritier de leur cœur & de leur
Sang, aussi bien que de leur Couronne ; qu'il possede

également & leurs Royales vertus & leurs richesses ;
que leur Sang & leurs Cœurs se sont confondus dans le
sien, qu'il est leur viue image, & qu'il renouuellera leur
gloire par ses actions, & portera la sienne dans l'immor-
talité.

ELOGE A LA REINE.

S'Il est agreable de regarder vn Soleil naissant quand
il respand sa premiere lumiere, le Tableau qui suit
n'est pas moins considerable, estant embelly d'vne par-
faite reconciliation de Cœurs, d'vn establissement de
Paix, aussi bien dans les Maisons particulieres, que dans
les Estats & les Empires. François, apprestez-vous pour
rendre vos respects à cette incomparable Reyne ; offrez-
luy des vœux ; consacrez luy vos seruices ; considerez
que c'est l'Auguste Epouse de nostre Roy, à qui vous
estes redeuables de vostre bonheur : Aduoüez auec moy
que tout ce que ie pourrois dire d'excellent & d'Auguste
sera toûjours iugé au dessous de sa Grandeur & de sa
Vertu : Voyez comme elle a joint la Dignité & la Puis-
sance, la Prudence & la Sagesse de la Maison d'Austri-
che au Trône de la France, qui est le plus esleué de la
Terre. Je sçay bien que ie seray blasmé de vous si j'en
parle auec mediocrité ; mais aussi j'apprehende que vou-
lant traitter cette matiere selon la dignité de son sujet,
ie ne puisse luy donner tous les ordres & tous les bril-
lans qui luy sont necessaires : Neantmoins comme l'on
ne laisse pas de connoistre la figure du Soleil, encore
qu'on ait dessiné auec vn crayon obscur ses plus esclat-
tans rayons, je me persuade qu'on pourra voir dans cet
Abregé vne coppie, ou vn ombre de ce sublime Original que vous attendez auec vne juste impatience ; vous
disant que les Graces assisterent à sa generation & à sa

naiſſance ; que les Muſes & les Vertus furent ſes Nour-
rices ; & que la Renommée, glorieuſe d'vn ſi bel Objet,
porta le Portrait éclatant de ſa Beauté par tout le Monde ; que les plus grands Roys l'ont regardée auec reſ-
pect & admiration : Mais que la valeur extraordinaire
de noſtre Grand Monarque a eſté ſeule iugée digne d'en
pouuoir poſſeder l'Original, le Ciel la'yant deſtinée pour
adoucir par ſes charmes la vie laborieuſe de ce Grand
Conquerant, & perpetuer le bon-heur de ſon Regne
par la ſuitte d'vne Royale poſterité.

ELOGE A LA REYNE MERE.

CEt Auguſte Tableau eſt accompagné de celuy de
la tres-illuſtre Reyne Anne d'Auſtriche, Fille,
Femme, Sœur, & Mere des plus grands Roys du Monde.
Il ne faut point vous dire ſes éminentes qualitez, & ſes
rares vertus, elles vous ſont trop connuës : Vous ſçauez
qu'elle eſt née dans la Pourpre ; que le Trône a eſté ſon
berceau, & que l'Auguſte Tronc d'où elle eſt ſortie n'a
iamais eu pour branches que des Sceptres, & pour fruits
que des Couronnes ; Et ſi vous voulez remonter plus
haut vers vne ſi belle Source, vous ne luy trouuerez
pour Predeceſſeurs que des Empereurs & des Roys.
Vous n'ignorez pas que les Vertus & les Graces ſe donnerent à cette illuſtre Princeſſe pour ne s'en éloigner ja-
mais, & qu'elle fut deſtinée pour lier la Foy du plus
grand Monarque de l'Vniuers : Vous ſçauez qu'elle
quitta librement les titres pompeux de tant de Royau-
mes qui ſont dans la Maiſon de ſes Anceſtre, pour pren-
dre la qualité de Reyne de France, qui comprend en vn
ſeul mot toute la majeſté des Puiſſances humaines ; Et
puiſque vous connoiſſez que l'éclat de cette Dignité a
toûjours eſté, & eſt encore accompagnée de tant de

qualitez, & particulierement de celles qui sont necessaires à la perfection d'vne grande Reyne, & qui peuuent embellir son Ame : ie vous diray seulement que si la Fortune luy a donné des Sceptres, l'illustre possession de toutes les Vertus Chrestiennes & morales l'ont renduë tres-digne de les porter.

ELOGE A SON EMINENCE.

LA Pourpre n'est pas estrangere aupres des Roys, & principalement lors qu'elle est sacrée, puisque leur Personne est aduantagée de ce beau titre : ce qui fait que ceux qui en sont reuestus, ont en quelque façon vn droict & priuilege particulier d'approcher de leur Trône, & d'assister deuant leur Majesté, particulierement lors que l'illustre naissance, la sagesse & la pieté authorisent le choix qu'on a fait de leurs personnes, & les font paroistre auec vn éclat merueilleux, qui les rend venerables non seulement à ceux de leur siecle, mais aussi à toute la posterité. C'est pour cette raison que vous voyez icy le Tableau de l'Incomparable Iules, que vous deuez regarder en ce lieu comme vn de ces Magistrats de l'Ancienne Rome, deputez du Ciel pour estre l'Arbitre sur les differens des Princes : Que si le Sage Diomede a creu beaucoup auancer vne affaire & l'auoir presque terminée quand il choisissoit Vlysse pour l'executer : Quelle gloire son Eminence ne doit elle point remporter chez la Posterité, puisque nostre Souuerain Monarque a bien estimé que c'estoit assez pour acheuer sa negotiation & terminer ses differens que de luy mettre entre les mains, & d'en donner la conduite à son Eminence, à laquelle en ce rencontre le prudent Vlysse cede autant que les Grecs font aux Romains. Et ie croy que parmy les applaudissemens publics que sa Majesté reçoit de tous ses Peuples apres les glorieux succez d'vn si heureux voyage, elle doit estre bien contente & satisfaite de voir le Roy triomphant par les Conseils, la Reyne en repos par ses soins, & tous les Peuples la Paix par sa conduite.

FIN.